QUAL É O ESQUELETO?

MUITAS DESCOBERTAS SOBRE OS DINOSSAUROS FORAM FEITAS GRAÇAS AOS FÓSSEIS ENCONTRADOS. LIGUE CADA DINOSSAURO AO SEU RESPECTIVO ESQUELETO.

RESPOSTA NA PÁGINA 24.

CAMINHO NUMÉRICO

O PTERODÁCTILO PRECISA ALIMENTAR SEUS FILHOTES. COMPLETE O CAMINHO COM OS NÚMEROS QUE FALTAM PARA LEVÁ-LO ATÉ O NINHO.

RESPOSTA: 2, 4, 6, 8.

HORA DE COLORIR!

SOMBRAS DE DINOS

OS DINOS HABITARAM A TERRA HÁ MILHÕES DE ANOS, DURANTE A ERA MESOZOICA. OBSERVE ALGUMAS ESPÉCIES E LIGUE-AS À SOMBRA CORRESPONDENTE.

RESPOSTA: 1 – C; 2 – A; 3 – D; 4 – B.

COMPLETE A PEGADA

LIGUE OS PONTOS PARA COMPLETAR A PEGADA DE UMA DAS CRIATURAS PRÉ-HISTÓRICAS.

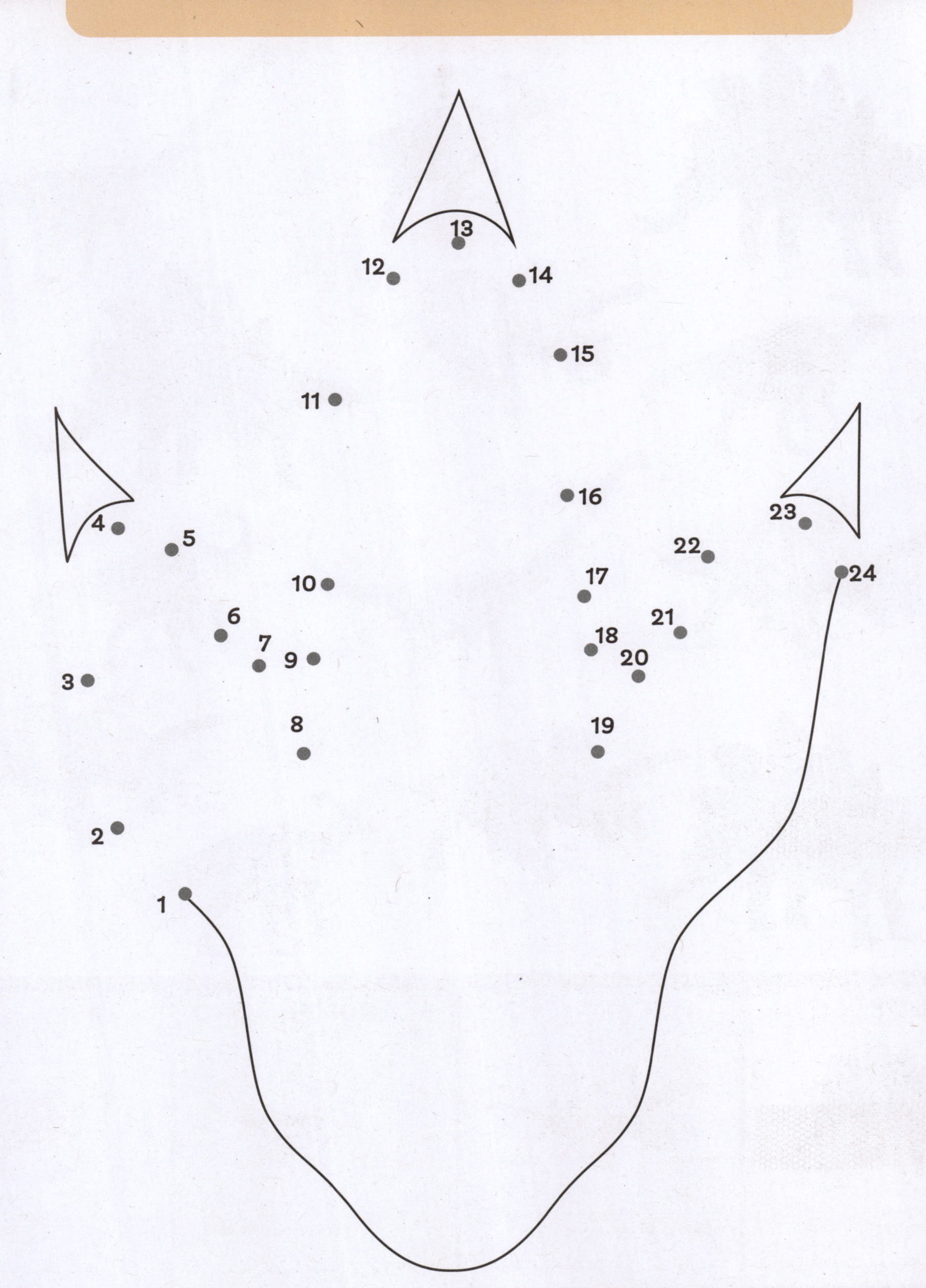

PROCURE E CONTE

OBSERVE OS DINOS ESPALHADOS PELA PÁGINA, CONTE QUANTOS DE CADA ESPÉCIE APARECEM E ESCREVA A RESPOSTA.

ESTEGOSSAURO

____

TRICERÁTOPO

____

BRAQUIOSSAURO

____

PARASSAUROLOFO

____

RESPOSTA: TRICERÁTOPO – 4; BRAQUIOSSAURO – 2; ESTEGOSSAURO – 3; PARASSAUROLOFO – 4.

PARES DE DINOS

OS DINOSSAUROS ESTÃO REUNIDOS. SERÁ QUE VAI GERAR CONFUSÃO? LIGUE CADA CRIATURA AO SEU PAR, E CIRCULE A QUE SOBRAR.

RESPOSTA NA PÁGINA 24.

SUDOKU DE LETRAS

COMPLETE ESTE SUDOKU COM AS LETRAS QUE FORMAM A PALAVRA DINO. ATENÇÃO: AS LETRAS DEVEM APARECER APENAS UMA VEZ EM CADA LINHA OU COLUNA.

D	I	N	O
I		O	
	O		I
O	N	I	D

RESPOSTA NA PÁGINA 24.

ENCONTRANDO AS DIFERENÇAS

O VELOCIRRAPTOR FOI UMA ESPÉCIE TEMIDA NO PERÍODO CRETÁCEO. OBSERVE AS IMAGENS DOS DINOS CAÇADORES ABAIXO E ENCONTRE CINCO DIFERENÇAS ENTRE ELAS.

A

B

RESPOSTANAPÁGINA24.

ENIGMA JURÁSSICO

**VOCÊ CONHECE TODOS OS DINOSSAUROS?
LEIA A CHARADA, ESCREVA AS LETRAS NA ORDEM CORRETA E DESCUBRA A RESPOSTA.**

ELE ERA CARNÍVORO E HABITOU A AMÉRICA DO SUL DURANTE O PERÍODO CRETÁCEO. ERA MAIS ALTO E COMPRIDO DO QUE O TIRANOSSAURO REX, E SEU NOME SIGNIFICA "LAGARTO GIGANTE DO SUL".

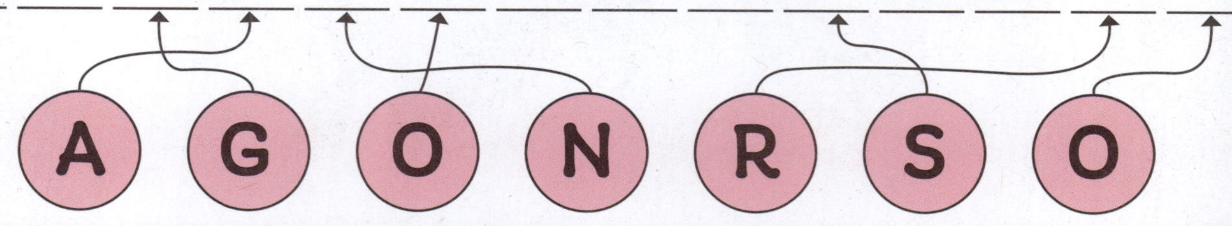

RESPOSTA: GIGANOTOSSAURO.

ENCONTRE O CAMINHO

O DIPLODOCO SE PERDEU DE SUA MANADA. TRACE O CAMINHO CORRETO PELO LABIRINTO PARA LEVÁ-LO AO GRUPO.

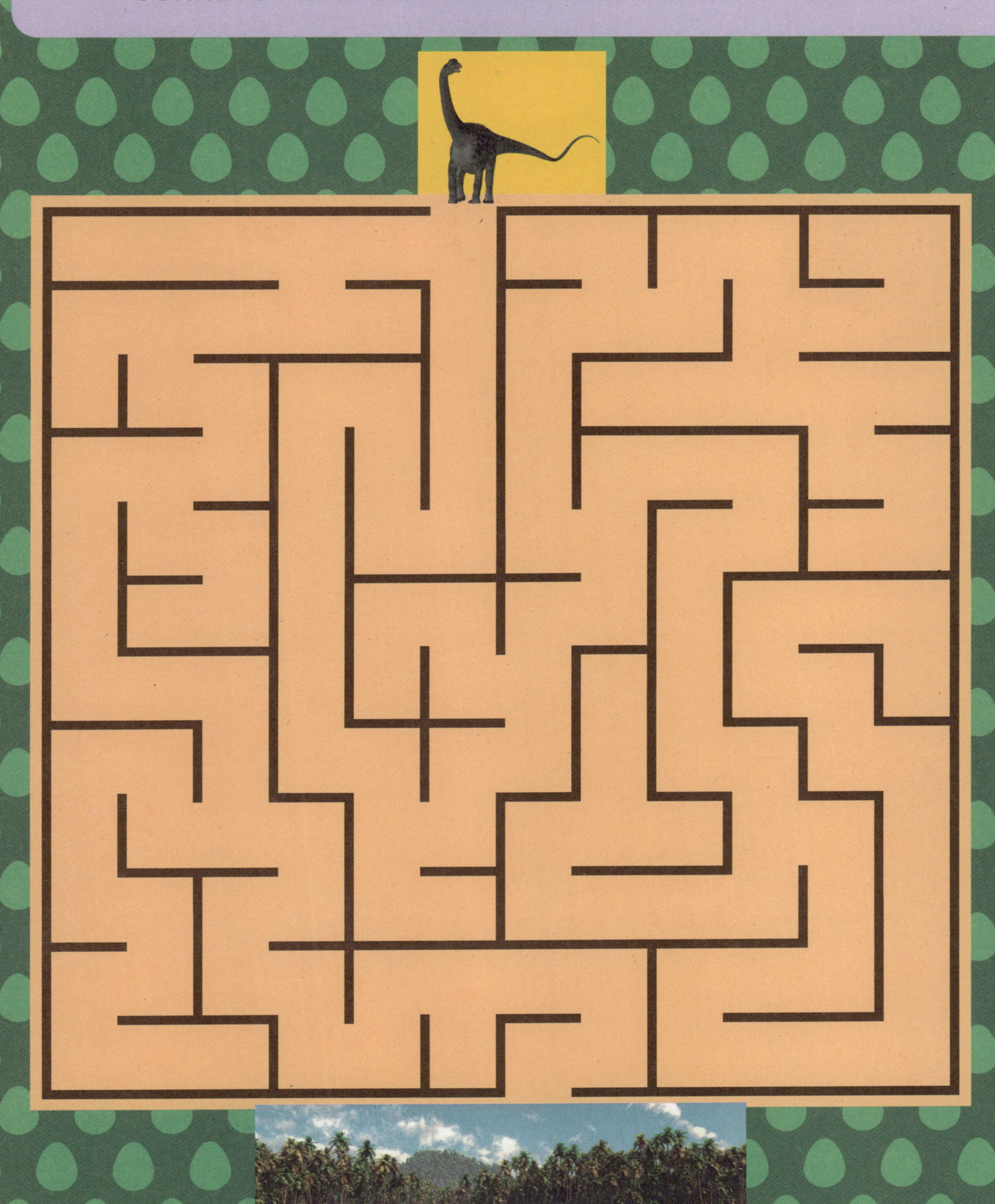

RESPOSTA NA PÁGINA 24.

CADA UM NO SEU ESPAÇO

NEM TODAS AS CRIATURAS QUE VIVERAM NA ERA MESOZOICA ERAM DINOSSAUROS. ALGUMAS HABITAVAM A TERRA; OUTRAS, O MAR. LIGUE CADA UMA AO SEU HÁBITAT IDEAL.

A

B

C

1

2

3

RESPOSTA NA PÁGINA 24.

PEGADAS MONSTRUOSAS

O TIRANOSSAURO REX FOI UM DOS MAIORES PREDADORES DE SEU TEMPO. CONTE O TOTAL DE PEGADAS DEIXADAS POR ESSE DINO FEROZ E ESCREVA A RESPOSTA.

RESPOSTA

HORA DE COLORIR!

O TIRANOSSAURO REX BOTAVA OS ADVERSÁRIOS PARA CORRER! DÊ ASAS À IMAGINAÇÃO PARA PINTAR ESSA FERA COM CAPRICHO.

REUNINDO O BANDO

O ALAMOSSAURO SE PERDEU DO SEU BANDO.
TRACE O CAMINHO CORRETO PELO LABIRINTO PARA AJUDAR
O GRANDÃO A ENCONTRAR O GRUPO DELE.

RESPOSTA NA PÁGINA 24.

PINTANDO AS LETRAS

O ESPINOSSAURO TINHA UMA GRANDE ESPINHA NAS COSTAS QUE, ALÉM DE CAPTAR O CALOR, SERVIA PARA TORNÁ-LO AMEAÇADOR. PINTE AS LETRAS QUE FORMAM O NOME DESSA CRIATURA PRÉ-HISTÓRICA.

REFEIÇÃO PREFERIDA

OS DINOSSAUROS HERBÍVOROS ALIMENTAVAM-SE DE PLANTAS, JÁ OS DINOSSAUROS CARNÍVOROS ALIMENTAVAM-SE DA CARNE DE OUTROS ANIMAIS. FAÇA UM X NA ALTERNATIVA QUE INDICA O ALIMENTO DOS DINOSSAUROS ABAIXO.

RESPOSTA: A - HERBÍVORO; B - CARNÍVORO; C - HERBÍVORO.

HORA DE COLORIR!

SOMBRA DA PESADA

O TRICERÁTOPO TINHA UMA CARACTERÍSTICA BEM MARCANTE: OS TRÊS CHIFRES. OBSERVE AS SOMBRAS E DESCUBRA QUAL DELAS PERTENCE AO DINO.

SEQUÊNCIA ANIMAL

HÁ UMA CONFUSÃO NAS SEQUÊNCIAS ABAIXO. CIRCULE OS INTRUSOS, QUE NÃO FAZEM PARTE DO PERÍODO DOS DINOSSAUROS.

A

B

C

RESPOSTA: A – LEÃO; B – GIRAFA; C – ZEBRA.

EM ERUPÇÃO!

A ERUPÇÃO DE VULCÕES TAMBÉM FOI UMA DAS CAUSAS DA EXTINÇÃO DOS DINOSSAUROS. OBSERVE AS IMAGENS DE VULCÃO ABAIXO E CIRCULE A ÚNICA DIFERENTE.

RESPOSTA: D.

PEGADAS PARA CONTAR

OS DINOSSAUROS DEIXARAM MUITAS PEGADAS POR AÍ. OBSERVE-AS COM ATENÇÃO E ESCREVA QUANTAS PEGADAS DE CADA ESPÉCIE HÁ NA PÁGINA.

RESPOSTA: A – 6; B – 4; C – 3; D – 2.

CAÇANDO PALAVRAS

DESCUBRA ALGUMAS CURIOSIDADES SOBRE O ELASMOSSAURO E ENCONTRE NO DIAGRAMA AS PALAVRAS EM DESTAQUE.

O **ELASMOSSAURO** FOI UM GRANDE **PLESIOSSAURO** QUE HABITOU A AMÉRICA DO NORTE NO PERÍODO **CRETÁCEO**. ELE NÃO ERA UM DINOSSAURO, MAS UM **RÉPTIL** MARINHO.

SEU ENORME PESCOÇO LEMBRAVA O DE UMA **SERPENTE**, E O SEU CORPO, O DE UMA **TARTARUGA**. ERA UM GRANDE **PREDADOR** DO MAR.

W	D	S	E	R	P	E	N	T	E	Z	C	B	Ã
P	F	Z	T	X	G	L	Ç	N	M	G	E	S	V
R	G	Y	B	O	W	A	G	U	S	H	Á	K	T
E	Q	R	C	F	N	S	C	Y	P	O	D	W	C
D	Á	H	R	G	K	M	F	B	X	M	K	Z	Y
A	P	L	E	S	I	O	S	S	A	U	R	O	N
D	V	B	T	P	Z	S	V	Ç	T	D	C	N	F
O	N	W	Á	H	R	S	N	G	K	J	M	S	P
R	X	U	C	F	T	A	R	T	A	R	U	G	A
J	O	S	E	M	H	U	C	N	W	B	D	Ç	X
I	P	T	O	Z	Q	R	É	P	T	I	L	H	Q
V	N	Ã	Y	Ç	M	O	Y	R	V	G	Y	O	S

RESPOSTA NA PÁGINA 24.

RESPOSTAS

1

4

7

8

D	I	N	O
I	D	O	N
N	O	D	I
O	N	I	D

9

11

12

15

23

W	D	S	E	R	P	E	N	T	E	Z	C	B	Ã
P	F	Z	T	X	G	L	Ç	N	M	G	E	S	V
R	G	Y	B	O	W	A	G	U	S	H	Á	K	T
E	Q	R	C	F	N	S	C	Y	P	O	D	W	C
D	Á	H	R	G	K	M	F	B	X	M	K	Z	Y
A	P	L	E	S	I	O	S	S	A	U	R	O	N
D	V	B	T	P	Z	S	V	Ç	T	D	C	N	F
O	N	W	Á	H	R	S	N	G	K	J	M	S	P
R	X	U	C	F	T	A	R	T	A	R	U	G	A
J	O	S	E	M	H	U	C	N	W	B	D	Ç	X
I	P	T	O	Z	Q	R	É	P	T	I	L	H	Q
V	N	Ã	Y	Ç	M	O	Y	R	V	G	Y	O	S